JN062337

気をつけよう！

ネット動画

▶ 2 動画投稿に潜むワナ

**炎上しちゃったら
どうしたらいいの？**

**動画投稿する時に
気をつけることは？**

10代の休日 利用別ネット時間

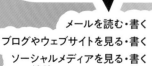

メールを読む・書く	27.7 分
ブログやウェブサイトを見る・書く	12.9 分
ソーシャルメディアを見る・書く	98.7 分
動画投稿・共有サービスを見る	95.4 分
ビデオオンデマンドを見る	6.7 分
オンラインゲーム・ソーシャルゲームをする	69.1 分
ネット通話を使う	10.9 分

SNS や
動画共有
あなたの投稿
大丈夫？

私は R学園 1年生
連絡先は ×××-××××-

監修　小寺 信良（一般社団法人 インターネットユーザー協会 代表理事）

汐文社

はじめに

　ネット動画の魅力は、自分の見たい内容を自分の好きなタイミングで楽しめることです。さらに、すぐれたカメラ機能のついたスマホの普及で、どんな人でも簡単に動画を撮影して、それをすぐに投稿できるようになりました。つまり、誰もが動画の送り手になれる時代になったのです。

　ただ、誰でも簡単に投稿できるようになったということは、これまで必要とされてきたような動画制作に関する知識を身につけていなくても、発信者になれるということです。そうして簡単に動画投稿ができるようになって増えてきたのが、ネット炎上や個人特定などの問題です。自分では問題だと思っていなかった動画がもととなって、いじめがはじまったり、知らない人からつきまとわれたり、受験や就職に失敗したりといった例が全国で起きているのです。

　動画を投稿して、多くの人から反応があるのはうれしいことです。ただし、インターネット上のデータは世界中の人に見られる上、拡まるスピードも速いので、何かトラブルがあった時に自分1人の力で問題を解決できないケースが多々あります。

　そこでこの巻では、動画投稿の現状とともに、動画投稿に潜むリスクとその解決法について探っていきます。これらについて、3人の専門家がそれぞれの専門分野から、解説とアドバイスをします。

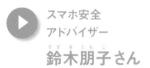

スマホ安全
アドバイザー
鈴木朋子さん

システムエンジニア時代に培ったITの知識と2人の娘の子育て経験を生かして、子どもに伝えたい安全なITの活用方法についてアドバイスします。

ネットリテラシー
専門家
小木曽健さん

インターネットやSNSにあふれる情報を上手に活用する専門家。教材の制作や全国での講演経験を生かして、ネットの安全な使い方をアドバイスします。

インターネットユーザー
協会代表理事
小寺信良さん

映像の編集者として活躍した経験を生かし、インターネットに関する正しい知識を広める立場から、子どもとインターネットとのつきあい方などをアドバイスします。

もくじ

1 小中高生に人気の 動画の傾向

▶ **小中高生はどのくらい動画を見ている？　何が人気？**

　下のグラフは、総務省によるインターネットの利用時間とアプリの利用率についての調査結果です。10代が平日にネットを使う時間の平均は3時間24.3分、そのうち、多いのが「ソーシャルメディアを見る・書く」時間で1時間11.6分、続いて、「動画投稿・共有サービスを見る」時間が1時間0.1分です。休日になるとそれらの時間は増えて、「ソーシャルメディアを見る・書く」が1時間38.7分、「動画投稿・共有サービスを見る」が1時間35.4分という結果でした。

▶▶ **インターネット項目別利用時間**

全年代に比べて、10代は動画やSNSを見ている時間が長いことがわかりますね。

	平日の1日		休日の1日	
メールを読む・書く	30.8分 / 13.5分		23.6分 / 27.7分	
ブログやウェブサイトを見る・書く	21.5分 / 9.3分		25.6分 / 12.9分	
ソーシャルメディアを見る・書く	26.7分 / 71.6分		35.6分 / 98.7分	
動画投稿・共有サービスを見る	19.8分 / 60.1分		36.6分 / 95.4分	
ビデオオンデマンドを見る	4.7分 / 2.6分		7.6分 / 6.7分	
オンラインゲーム・ソーシャルゲームをする	15.8分 / 45.1分		28.0分 / 69.1分	
ネット通話を使う	2.2分 / 5.1分		3.4分 / 10.9分	

🔲 全年代　🔲 10代

▶▶ **おもなSNS系サービスやアプリの利用率**

動画共有サイトや、動画が投稿できるSNSのうち、10代がよく使っているのは、YouTube、LINE、Twitter、Instagram、TikTok。LINEは全年代で多く使われていますが、Facebookは10代の利用率が低いですね。

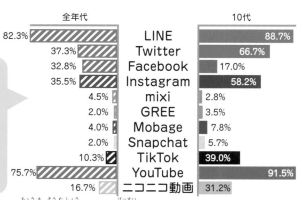

	全年代	10代
LINE	82.3%	88.7%
Twitter	37.3%	66.7%
Facebook	32.8%	17.0%
Instagram	35.5%	58.2%
mixi	4.5%	2.8%
GREE	2.0%	3.5%
Mobage	4.0%	7.8%
Snapchat	2.0%	5.7%
TikTok	10.3%	39.0%
YouTube	75.7%	91.5%
ニコニコ動画	16.7%	31.2%

「平成30年度 情報通信メディアの利用時間と情報行動に関する調査（総務省）」より引用抜粋。

4

小中高生にはどんな動画が人気で、毎日どれくらい動画を見ているのか、その実態を紹介します。全体の平均と比べてどんな違いがあるでしょうか。

コラム

スマホ安全アドバイザー **鈴木朋子** さんがアドバイス

YouTube や Instagram が人気。理由は手軽さと内容のわかりやすさ

　私が取材を通じて、**小中高生がよく見ていると感じるのは、お笑い動画やミュージックビデオです。男子に人気が高いのが、ゲームを実況しながらプレイしている姿を投稿したゲーム実況**。ここでゲームの攻略法を勉強しているのだそうです。**中高生の女子に人気なのがメイク動画。ヘアアレンジやメイク法だけでなく、商品を使ったレビューなども丁寧に投稿されていて、わかりやすい点が魅力です。**

　グルメスポットを探す時、大人はグルメ情報サイトなどを検索することが多いですが、10代20代はYouTubeやInstagramの動画で探すことが多いといいます。注文したハンバーグを割るとチーズがトロリと出てきたとか、店内の雰囲気がいいなど、写真よりも伝わりやすいところが動画のメリットです。

　ここ数年、中高生に流行っているのがInstagramのストーリーズです。写真や短時間の動画を数本まとめて投稿できる機能で、24時間で自動的に消去されるのが特徴。YouTubeのように、ほかの人がおもしろいと思う動画を何分も作るのは大変ですが、**ストーリーズならいくつかのデータが自動でつなげられて表示されるので簡単です。**

　誰もが毎日「インスタ映え」する写真が撮れるわけではありません。けれども、ストーリーズなら数秒で切り替わるので、素敵な動画や写真でなくても自分の日常をちょっと誰かと共有したい、という時に使うのに便利なのだそうです。見てるほうも、つまらないと感じたらタップすれば次の動画に飛ばすことができますし、

大したことのない内容でも1日たてば消える上にじっくりと見られないため、気軽に扱える点も若者に支持される理由。「じっくり」よりも「気軽に」SNSを使いたいという若者のニーズに、今マッチしているのがストーリーズなのでしょう。

2 動画投稿の世界を変えたYouTube

YouTubeはなぜ圧倒的に人気なの?

　個人宅のガレージで誕生したというYouTube。初の動画投稿は2005年4月23日でしたが、その翌年には動画共有サイトの市場トップになりました。YouTubeの最大の魅力は、視聴できる動画の数がその他の動画サイトに比べて、圧倒的に多いことです。ぼう大な数の動画があって、世界各国の個性豊かな幅広いジャンルの動画を日本にいながら見ることができるのです。YouTubeが多くの人に支持されている理由には、おもに以下のようなものがあげられます。

✓ YouTube人気のポイント

▌誰でも簡単に投稿できる

誰かと動画データを共有する時には、環境が違っていても見られるようにファイル形式の確認が必要でしたが、YouTubeではファイル形式を気にすることなく投稿が可能。またテレビや映画のように、専門の人たちが作る場合と違って、様々な人が思い思いの動画を投稿しているので、これまでの動画では見られなかったような斬新なものや、奇抜なアイデアのものがあります。

▌探している動画が検索で見つかる

見たい動画、たとえば好きなタレントやミュージシャンなどの名前を入力して検索すれば、その

キーワードにあった結果が画像とともに表示され、その中から好きなものを選んで視聴できます。

▌ぼう大な動画が集まっている

投稿された動画の数が多いので、「見たいものはYouTubeで探せばきっとある」と考えて利用する人が多いようです。

▌無料で使える

誰でもすぐに視聴が可能。投稿するためには登録が必要ですが、大容量のファイルを投稿するなど、特別なことをしなければ無料で使えます。また登録をすると、自分の視聴履歴を残すことができたり、好きな動画のチャンネルを登録したりすることなどが可能です。

▌気に入りそうな動画が次々に再生される

これまでの視聴履歴などから、ユーザーが関心のありそうな動画を自動的に検出して「関連動画」として表示する機能があります。自動再生をオンにしておくと、1つの動画が終わると次の関連動画が再生され、ほうっておいてもずっと再生され続けます。

世界でもっとも大規模な動画共有サイトであるYouTube。多くの人に利用されている理由と、動画視聴や投稿の実態について紹介します。

▶ 手軽で使いやすいけれど安全性は大丈夫?

　誰でも見ることができて、誰でも動画を投稿することができるというYouTube。そこに危険性はないのでしょうか。

　YouTubeでは、性的な表現、暴力的な表現、いやがらせ、詐欺や誤解を招く表現、悪意のある表現、法律をおかすものなどは禁止しており、運営者が見つけ次第、削除をしています。見て衝撃を受けてしまうような内容や詐欺につながるもの、見ていて不快になるものなど、2019年のある3カ月間ではYouTubeにより削除された動画の数は876万5893件にものぼりました。とくに子どもの安全には配慮しており、13歳未満の年齢に推奨している「YouTube Kids」というチャンネルもあります。

✔ YouTube基礎知識

 YouTube が
誕生した国は?

アメリカです。3人の若者が「写真データの交換のように、動画も交換しあえれば、さぞかしおもしろいだろう」という発想を実現させたのがYouTubeです。

 全世界で1日に何時間
視聴されている?

1日あたりの動画視聴時間は、10億時間を超えるそうです。動画を見ている端末は、スマホなどのモバイル端末が70%以上を占めています。

 YouTube は何カ国で
楽しまれている?

 91カ国で提供されています。インターネット人口の95%をカバーする80の言語で利用されています。

YouTube基礎知識の情報は2019年のもの。

7

動画投稿の魅力

YouTubeが世界中で人気となり、動画投稿を仕事としている人も誕生しました。それがユーチューバーです。小学生の「将来なりたい職業」の上位にランクイン※するようになったユーチューバーに、動画投稿のリアルな世界について聞きました。

※「学研教育総合研究所の小学生白書ウェブ版、2018年9月調査」より。

Q たくさんの人に自分で作った動画を見てもらうために、どんな工夫をしているの?

私は、お笑い芸人をしています。動画を撮影してYouTubeに投稿するほか、テレビに出たりラジオに出たりと、いろいろな活動をしています。YouTubeは、テレビCMのように、動画の前後や間に広告を流すことができます。動画の再生回数を増やし、たくさんの人が広告を見ることで、ユーチューバーはお金をもらうことができるのです。

また、YouTubeで投稿した動画がテレビや雑誌で話題になり、YouTubeがきっかけで歌手デビューをするアーティストも増えています。投稿して収入を得るだけでなく、YouTubeには、多様なチャンスが眠っているということですね。

自分が投稿した動画をたくさんの人に見てもらう方法として、基本的には投稿を毎日するといいといわれています。けれども私は、投稿数は少なくてもいいと思っています。そのかわりに、私はお笑い芸人なので、頭の中で考えた楽しいことがそのまま動画となり、みんなに笑ってもらえるような動画が作りたいと思っています。見た人が「すごくおもしろい動画を見つけたよ!」と、誰かに話したくなるような動画を作ることが目標です。

私の武器は、ハイテンションで元気なところです。そのよさが伝わるように、撮影の時にはカラフルな衣装を着て、大きな声で話すようにしています。そして編集ではかわいい絵文字を使って、画面を目で見て楽しめる工夫をしています。

投稿をはじめた当初は、Instagramのフォロワー（新たな記事をアップすると自動で届く人。ファンのような存在）1000人に動画の告知をしましたが、だんだんファンが増え、半年で1万人、1年で15万人が私のYouTubeチャンネルの登録をしてくれるようになりました。

放送作家の仲間と一緒に撮影。
日本だけでなく海外へ取材に行くこともあります。

とNGなこと
エヌジー

Q 動画の企画や編集で苦労することや
工夫をしていることはありますか?

　ほかの動画を見ていると、「見せ方を変えれば、もっとおもしろいのに」と感じるものがたくさんあります。何か作品を作る時は、自分1人で考えるよりも、ほかの人からのアイデアを取り入れることで、自分の魅力を引き出してくれることがあります。

　そこで私はより楽しい動画を作るために、テレビ番組などの台本を書く放送作家の友だちと、動画の企画を考えています。週数回会って一緒に食事をしながら、いろいろな話をしていると、「こんな動画を作ろう」「あそこに行ってみよう」とアイデアが浮かぶことが多いのです。なかなか企画が思い浮かばないこともありますが、「仕事」だと思うと楽しくなくなってしまうので、「仲のいい友だちと会っておしゃべりする」ような気持ちで企画を考えるようにしています。

　あらかじめ、決まりごとを作って撮影するのが苦手なので、普段のハイテンションの姿のまま自由に撮って、編集の時に冷静な視点で見るようにしています。

　動画の編集作業は、1人で、パソコンで行っています。家で閉じこもっているといやになってしまうので、カフェに行って作業をしています。「今度は、あそこのおしゃれなカフェに行こう」と思うと、大変な編集作業もわくわくしながらできますね。

　動画の編集は、日々自分で勉強しています。テレビのバラエティ番組を参考に、ナレーションやテロップ(画面上の文字)を入れて、見る人がわかりやすくなるようにしています。

　私は英語が得意なので、将来は英語で発信をして、世界中の人に見てもらいたいと思っています。今のおもしろさを、そのまま英語で伝えられるように、英語の勉強もがんばっているところです。

ユーチューバー　フワちゃん

1993年、東京生まれ。大学在学中に芸人を育成するワタナベコメディスクールに入学、コンビを組んで芸人デビュー。解散後、ユーチューバーとして初投稿。現在はYouTubeだけでなく、テレビ、ラジオ、ウェブテレビなど、様々なメディアで活躍中。2020年2月現在、YouTube「フワちゃんＴＶ」のチャンネル登録者数53.7万人、総再生回数45,014,862回。

絵文字などでカラフルな画面になるように、編集しています。

Q 動画の配信をする時に注意していることや、気をつけていることはなんですか?

　動画は一度サイトに投稿してしまうと、一生残ってしまうものです。あっという間に拡散して、友だちだけでなく、全世界中の人が見ることになります。それが動画配信のいいところでもあり、注意しないといけないところでもあります。

　線路に立って撮影をしたり、コンビニの冷凍庫で寝ている姿を撮ったりしている動画などがニュースになりましたが、危険なことや道徳に反することは、絶対にしてはいけないことです。

　事件に巻きこまれない注意も大切です。アイドルの自宅が動画配信で特定されてしまい、ストーカーされてしまうという事件がありました。こういう事件は有名人だけに起こるものではありません。普通の人も同じです。

　私は編集をする時に、家の外観や場所がわからないよう、建物や風景をぼかしています。友だちの顔や名前なども、本人に許可なく出さないようにしています。誰かを傷つける内容でない

ユーチューバーに教わる　動画投稿の注意ポイント

→ 人を傷つけない

相手が傷ついたり、見ている人がいやな気持ちになったりするようなことはしないように気をつけています。言いすぎてしまったと思ったら、相手にあやまることも大事。

→ 個人情報は出さない

自分の住所、名前、家族などプライバシーには気をつけます。友人のプライバシーを守るためにも、勝手に動画を撮って、SNSにアップすることはやめましょう。

→ すぐに動画を投稿しない

撮ってすぐに動画を投稿することはしません。動画を撮っていると、その場のノリでやりすぎてしまうこともあるので、1日置いて、冷静になってから見直します。

かということにも、気を使っています。たとえば自分の体型を気にしている人に対して「太った？」というような、言われた人がいやな気持ちになる指摘は言わないようにしています。私は芸人なので、いつも“どういじったら楽しくなるのか”を考えています。けれども、いじられた本人が傷ついていないか、見た人が不愉快になるようなことがないか、細心の注意をはらっています。

　もう1つ気をつけていることは、動画は編集後1日置いてから見直すことです。日を変えて見ることで、「これは恥ずかしいな」とか、「おもしろいけれど、動画が長すぎるな」と、客観的に見ることができるのです。また、配信する前に友だちにも見てもらっています。そうすると、自分では気がつかなかった欠点などを、友だちが見つけてくれることもあるからです。

　ユーチューバーになったおかげで、今では多くのテレビやラジオ番組に出られるようになりました。これからも、たくさんの人が見ておもしろいと思う動画を発信していきたいですね。

✓ ユーチューバーになりたいと思ったら

今や人気の職業となったユーチューバー。「自分もなりたい！」と思ったら、どんなことからはじめるといいのでしょう。フワちゃんにアドバイスをもらいました。

Q ユーチューバーになりたいと思ったら何をすればいいの？

高い機材を買わなくても、現在はスマホ1つで動画撮影をして投稿をすることができます。でも、いきなり動画を投稿するのではなく、家族やペットなど、身近な人を撮影したり、風景を撮影したり、自宅で食レポをしてみたりしながら、動画を撮ることや動画の編集に慣れることからはじめるのがおすすめです。

　また、おもしろい企画を考えるためには、好奇心が大事です。学校の授業や友だちとの会話にもアイデアのヒントはいっぱいあります。普段から動画のネタを考えて、ノートなどに書いておくといいですね。

Q フワちゃんはどうやって、ユーチューバーになったの？

子どもの頃からテレビに出るのが夢でした。大学生の時に芸人になり、卒業後もお笑いライブに出ていました。でも、コントやトーク、大喜利が苦手で、なかなか人気が出なかったのです。

　そんな時、仕事仲間の友人に「インスタに投稿しているフワちゃんの作ったコラージュ画像がおもしろいので、動画を編集してみたら楽しい作品ができるんじゃない？」とすすめられて、YouTubeに投稿をはじめることにしました。私はネタやコントをするより、テレビのロケ番組のように、出会った人との会話を笑いに変えるのが得意でした。そこで、「YouTubeで、自分のロケ番組を作って投稿しよう」と思ったのが今の投稿スタイルになったきっかけです。

若い世代を中心に、現在人気となっているSNSがTikTokです。どんなことができて、どんなところがおもしろいのか、投稿の注意点とともに紹介します。

コラム

スマホ安全アドバイザー　**鈴木朋子さんがアドバイス**

人気の動画投稿には何がある?

　2018年から、テレビやYouTubeのCMなどでも目にするようになったTikTokは短い動画用のSNSで、10代20代を中心に人気となっています。

　TikTokでまず多くシェアされたのが、音楽にあわせて口パクをしたり、手足を動かしてダンス風に動いたりする動画です。こうした動画は用意されたBGMを選んで録画するだけで簡単に作成でき、ズームや早回しのほか、動画を美しく見せる効果もたくさん用意されています。**スタイルをよくしたり美肌にしたりといった加工や、テキストやスタンプなどで画面をにぎやかにする編集作業が簡単にできてしまうのです。**

　以前なら、このような動画の加工は、専門のソフトと技術が必要でした。それがTikTokでは、細やかな動きにさえ素早く加工が施されるよう、非常にすぐれたＡＩ技術が使われているのです。人の肌も簡単に美しく調整できます。**「誰でも、うまく美しく見せられる」。そして「手軽に投稿できるのに、多くの人から『いいね!』がもらえる」。それらが、人気を支えているのです。**

　また最近の10代は、長い動画を見ることをめんどうに感じる傾向にあり、15秒の短い動画が次々に見られるTikTokのスピード感も、今の10代のカルチャーにうまくあったといえるでしょう。

TikTokに投稿する時の注意点

　TikTokは13歳以下の使用は利用規約で認められていないことを知っておきましょう。投稿した動画は、初期設定ではすべてのユーザーが見られるようになっています。知りあいだけに見せたい時には、設定画面のプライバシー設定から「非公開アカウント」にします。

　また、知りあい以外のコメントをさけたい時は、設定画面で「自分にコメントを送ることができる人」を「互いにフォローしている友達のみ」にします。不快なコメントを送ってくる相手や迷惑な相手をブロックすることも可能です。

4 動画投稿に潜むリスク〜炎上

▶ 「友達限定」の投稿でも拡がって炎上するの?

　ここ数年、若者が悪ふざけした動画が炎上するニュースが、何度もテレビや雑誌で取りあげられました。コンビニエンスストアの冷凍庫の中に入りこんで商品の上に寝転がった動画や、寿司店でゴミ箱に捨てた魚を拾って調理する動画などです。

　「不衛生だ」「こんなお店、絶対に行かない」と結果的に大炎上し、その動画はどんどんと拡散されていったのです。お店としては、大打撃です。撮影の場になったお店の中には、お客さんが大幅に減って、その後、閉店になったところもあるほどです。寿司店の事件の場合、この動画に関わったアルバイト学生は退職処分となって、その後、訴えられて法律的に責任をとることになったそうです。

　動画は問題のないものを投稿している間は、よほどのことがないかぎり多くの人に拡まることはありませんが、いったん炎上するとネットだけでなく、テレビニュースなどにも取りあげられて、あっという間に拡まってしまいます。

　ここで紹介した例は仕事場で起きたものばかりですが、炎上は、普段の生活の中でも起こりえるものです。電車内や公共の場でふざけている様子を動画投稿して炎上したり、電車内の乗客を無断で撮影して悪意のあるコメントをつけて投稿し炎上したケースなどがあります。

　実はこれらの動画投稿の多くは、最初は「友達限定」で見られていたものが、拡散してしまったものだといいます。ネット上にあがった情報は、もう自分の力の及ばないものになってしまうことを覚えておきましょう。

ネットの世界では、いったん炎上すると、ものすごい速さでその動画は拡散されます。なぜ炎上する動画を投稿してしまうのか、対処法とともに解説します。

コラム

ネットリテラシー専門家　小木曽健さんがアドバイス

炎上させないためには 問題行動をしないことが基本

炎上させないためには、基本的には誰かに迷惑をかけたり、他人が見て「これはおかしい、配慮に欠けている」と思ったりするような行為をしないこと。もちろん動画の投稿もダメです。SNSは公開の範囲を「友達限定」にできますし、24時間で消える機能があるからと安心して問題のある動画を投稿する人がいますが、絶対に拡散されない設定やアプリはありません。話題になってから、あわてて動画を消したとしても、その動画を自分の端末にダウンロードしてまた拡散する人やスクリーンショットをして拡散する人がいるので、情報の拡散はとめることはできないことを覚えておきましょう。スクリーンショットが撮れないアプリでも、別のスマホで画面撮影すれば拡散できます。

☑ 炎上してしまった時の対処例

ステップ 1

もとの投稿やアカウントは消さないことが基本。消してしまうと、謝罪の場がなくなるし、攻撃している人に「逃げようとしている」と思われ、さらに炎上します。

ステップ 2

問題投稿をしたアカウントで、問題とされた自分の行動について反省を述べます。迷惑をかけた相手にどんなお詫びをしたかも報告します。

ステップ 3

「お店に謝りに行った」「親に怒られて1カ月スマホを取りあげられた」といった事実を報告します。謝罪する相手がいないケースなら「なぜ謝っているのか」「何を反省しているのか」をしっかり説明します。

ステップ 4

最後に感謝の言葉を書きます。「自分の問題行動を気づかせてくれて、ありがとう」と伝えることで、「攻撃していた相手から、まさか感謝の言葉を聞くとは」というおどろきの心理が働いて怒りの気持ちがおさまりやすくなります。自分で対応するのがむずかしい場合は、身近な大人に相談して手伝ってもらいましょう。

▶ なんで動画から個人の情報がわかってしまうの?

　あなたは、自分の個人情報やプライベートな気持ちを書いた紙をもって、人混みの中で立っていられますか。普通なら絶対にやらないような行為ですが、動画サイトやSNSに投稿するということは、この行為とまったく同じことなのです。むしろ、人混みに立つほうが、もっているボードを下ろしてしまえば、情報は見えなくなるので安全かもしれません。インターネットに投稿したものは、全世界の人に永遠に見せ続けるということなのですから。

　ましてや現在のスマホで撮った動画は鮮明なので、拡大してみると、自分の認識以上に多くの情報を含んでいます。2019年9月、SNSに投稿されたアイドルの瞳に映った情報から、アイドルの自宅を特定してストーカー行為をした男が逮捕されるという事件が起こりました。そのアイドルはとくに自分の情報を細かく投稿していたわけではありません。けれども瞳に映った映像を地図情報サイトGoogleのストリートビューと照合し、投稿されたほかの動画を分析してカーテンの位置や自然光の入り方などから、マンションのどの階に住んでいるかまでわかったというのです。

　1つの情報だけでは特定できないことも、複数の情報を組みあわせることで特定が可能になってしまいます。深く考えずに投稿した動画には、個人情報が特定されてしまうような多くの情報が含まれていることを知っておきましょう。

私はR学園1年生
連絡先は×××-××××-××××

動画投稿におけるリスクに、個人の特定の問題もあります。自分では気づかなくても、動画の中には特定される要素がたくさん含まれているのです。

コラム

ネットリテラシー専門家　小木曽健さんがアドバイス

何年にもわたって後悔しないように特定されやすい条件を知って安全に投稿を

　個人の特定は写真からもされますが、投稿された動画はさらに注意が必要です。なぜなら、動画には静止画に比べて時間という軸が加わります。「これは投稿しても大丈夫だろうか」と確認するべき情報の量が、写真よりも増えることを意味するのです。より注意をはらってチェックをしなければなりません。左で紹介した瞳に映った情報のように、電球に映りこんだ景色で家の中の様子さえ、わかってしまうのです。

　特定されても、法にふれず、騒動にならないような投稿ならば、そんなにこわがる必要はありません。 ただ大人に比べて注意をしてほしいのは、小中高生は**子どもをターゲットにした犯罪に巻きこまれる可能性がある**ということです。

　また、一度問題となるような投稿をして特定されてしまうと、**それがのちのちの人生にまでつきまといます。** その時に心から反省をして、その後、まじめに毎日を送ったとしても、入試、就職、結婚などの時に、以前の行動が調べられて影響を受けてしまうのです。過去の投稿が露呈して推薦入試や就職の内定が取り消されたというような事態が全国で起きています。特定されてしまうと、引越しをしても、その追跡の手はおさまりません。

　ネットの投稿で失敗しないために、炎上するような投稿をしないという注意だけでなく、個人が特定されるような投稿もなるだけさけてほしいと思います。

名前や学校名以外にも、こんな情報で特定は行われるから注意

➡ 普段使っている路線や駅名
➡ 制服
➡ 部活動の成績や活動歴など
➡ ジョギングや犬の散歩中の動画
　（自宅付近と推測できるため）

➡ 買い物をした際のレシート
➡ マンホール（地域ごとでふたの絵柄が違うため）
➡ 電柱（地域の情報やお店 情報などがわかることがある）
➡ 「今日はお祭り」「近所で工事中」など
　時間や場所のわかるコメント

6 動画として公開していい情報、ダメな情報

▶ 公開しないほうがいい情報って何？

　7ページのYouTubeの項目でもふれたように、性的な表現、暴力的な表現、いやがらせ、詐欺や誤解を招く表現、悪意のある表現など、動画サイトや各アプリで「投稿してはいけないコンテンツ」として決められているものは、基本的に投稿できません。また、たとえば線路への立ち入りや集団暴行、犯罪予告、脅迫などの法律に反するものや、権利を侵害するものは、投稿以前にその行為自体が問題です。

　法律にふれなくても、下の例のように見ている人を不快にさせるような動画の投稿もやめましょう。注目を集めて炎上する原因にもなりますし、投稿する意味はありません。また、16ページで説明したように、個人が特定されてしまうような情報の入っている動画の投稿もさけるようにしましょう。

こんな内容は見ている人が不快と感じる！

ウソやデマを流す、拡める

ものをそまつに扱っている

差別的なことを言っている

誰かを理由もなく批判している

動画投稿には楽しさもある半面、リスクもいろいろとあることがわかりました。では、どんな投稿ならば安全なのでしょうか。公開しても大丈夫なものと、やめたほうがいいものの基準を覚えておきましょう。

親子で
読んで!

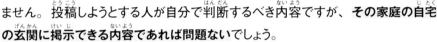

ネットリテラシー専門家　小木曽健さんがアドバイス

公開してもいい情報は
家の玄関に貼れるもの

公開していい情報は、本人や家庭それぞれの考え方、主義主張、生活環境によって異なるので、一概には言えません。投稿しようとする人が自分で判断するべき内容ですが、**その家庭の自宅の玄関に掲示できる内容であれば問題ないでしょう。**

ネットに情報を投稿するということは、玄関ドアにベタベタとものを貼っていくのと同じ作業です。あなたは玄関のドアに自分の私生活での恥ずかしい動画や友だちといつどこへ遊びに行って何をしたのかがわかる動画を貼りますか？　私は貼りません。

インターネットはどこか違う世界のもののように感じがちです。けれども、あなたのパソコンやスマホの中身はネット上で全世界につながっている、つまりリアルな世界と家の中がつながっているのと同じなのです。どこで誰が見るかもわかりませんし、どのように利用されるのかもわかりません。そして、一度でも玄関に貼られたものは、もう二度とはがすことはできないのです。

インターネットの世界だから特別なルールがあるわけでもなく、特別にこわいことが起こるわけではありません。**日常生活でやっていいことは、ネットの世界でも大丈夫。そして、日常生活でやってはいけないことは、ネットでもやらない。**このシンプルな基本が、ネットで失敗しないコツなのです。

 CASE 1 友だちとのLINEグループで共有していた動画が知らないうちに拡まってしまった

　Ａさんは中学2年生の女子。変顔したり、ものまねをしたりした動画を撮って、「このグループ以外には見せないでね」と言って、LINEのトークグループ内で楽しんでいました。ところが、その動画をグループのうちの1人が自分のスマホに保存して、別の友人に転送してしまいました。その後、動画はあっという間に学校中で拡まってしまいました。Ａさんは恥ずかしいので、この動画をみんなのスマホから消してほしいと思っています。でも、どうしたらいいか、その方法がわからず、悩んでいます。

ここからは動画投稿がきっかけとなってトラブルになった例とその解決策を紹介します。最初はLINEグループ内での動画が拡散した中学2年生女子の例です。

拡散させた相手と話しあい、あとは無視してしまおう

「この話はここだけにしてね」とか「内緒の話だよ」と言って話したのに、ほかの人も知っている――そういったケースに似ていますね。勝手にグループ以外の人へ動画を送ってしまった友人に「約束と違うよね」と伝えて、ほかの人には見られたくない動画の削除をしてもらい、今後は絶対しないように話しあいをしましょう。

一度、世の中に拡まってしまったことを「なかったことにはできない」のが、ネットのこわさです。わかるかぎりの人に動画を削除してもらっても、実際にどこまで拡散されたのかわからないので、対応がしきれないこともあるでしょう。勝手に自分の動画を見られて不愉快でしょうが、堂々とすることによって、周囲の興味が短期間でなくなることもあります。基本的には19ページで説明しているように、人に見られて困る動画を他人と共有するのはやめましょう。

小木曽健さん　アドバイス

この場合は、LINEグループ内の動画ですが、SNSの「友達限定」や公開範囲限定はあまり意味がないということを知っておきましょう。その拡散をいやがっていることがわかるとかえって、おもしろがって話題にする人がいるので、恥ずかしくても気持ちを切りかえて堂々と振るまったほうがいいと思います。

中学生のカップルで、女の子の恥ずかしい姿を男子が拡散させてしまうケースは少なくありません。そうした場合は、顔が映っていなかったら「私じゃない」と言い張りましょう。もしも顔がわかる動画でも「これは合成だ」と言い張りましょう。

その上で、それでも拡散させるような人は、あなたの人生にとって必要な人間ではありません。それを確認するいい機会でもあります。

対応のヒント

➡ 人に見られて困る動画は他人と共有しない
➡ 「仲間うちだけ」「限定公開」などは信用しない

動画投稿でこんなトラブルも〜無断で投稿してしまった例

CASE 2 友人のものまね動画をYouTubeに無断で投稿してトラブルになった

　Bくんは中学3年生の男子。教室でものまねをしている友人の姿を動画に撮って、YouTubeに投稿しました。Bくんは、友人のものまねがあまりにうまいので、もっとたくさんの人に見てもらいたいと思って投稿したのです。後日、その投稿の存在を知った友人から「肖像権の侵害だ！」と怒られてしまいました。実は、その友人に事前に何も言わずにBくんは投稿してしまったのです。Bくんは、これからも友人と仲良くしていきたいと思っているし、なんとかしなければいけないと思っています。

次は、中学3年生男子がYouTube(ユーチューブ)に投稿(とうこう)して、その後、友人と
もめることになってしまった例です。どんなところがいけなかったので
しょうか。

▶ 法律的問題よりも、投稿前に了解を得るのがマナー

肖像権(しょうぞうけん)とは、本人の許可(きょか)なく自分の顔や姿(すがた)を「撮影(さつえい)」されたり、「公表(こうひょう)」されたり
しない権利(けんり)のことです。該当(がいとう)する場合、「公表する行為(こうい)をとめる請求(せいきゅう)」や「生じた精
神的苦痛(しんてきくつう)に対する慰謝料(いしゃりょう)の請求(せいきゅう)」などの権利(けんり)を主張(しゅちょう)することができます。

けれども、このケースの場合、肖像権(しょうぞうけん)の話の前に、動画(どうが)に映っている人物の同
意を得(え)ずに、YouTube(ユーチューブ)に投稿(とうこう)してしまったことがまず問題です。相手の許可(きょか)をもら
わずに、その姿(すがた)を撮影(さつえい)したり投稿(とうこう)したりすることはマナー違反(いはん)。そうした行いをしてし
まったことを反省し、友人にきちんと謝罪(しゃざい)をして、動画(どうが)は削除(さくじょ)しましょう。インターネッ
ト上のデータは一度公開したら、自分でコントロールできる世界ではありません。動
画共有サイトやSNS(エスヌエス)などに何かを公開する時は、多くの人が見てもいい内容(ないよう)かどう
かを考えてから、発信するようにしましょう。

小木曽健(おぎそけん)さん　アドバイス

肖像権(しょうぞうけん)は法律(ほうりつ)で明文化されていませんが、判例(はんれい)
で認(みと)められている権利(けんり)です。勝手に撮影(さつえい)したからと
いって、必ずしも肖像権(しょうぞうけん)の侵害(しんがい)にあたるわけではあ
りません。大勢(おおぜい)が集まるターミナル駅、イベント会場、
観光地、スポーツ観戦の客席などで撮影(さつえい)したものな
ど、肖像権(しょうぞうけん)が存在(そんざい)しないケースもあります。このケー
スでは、投稿(とうこう)した本人が動画(どうが)を削除(さくじょ)すればいいこと
ですが、投稿者(とうこうしゃ)が誰(だれ)かわからない場合は、コンテン
ツの運営者(うんえいしゃ)に対象(たいしょう)コンテンツの削除(さくじょ)を要求(ようきゅう)すること
で、対応(たいおう)してくれるケースもあります。

対応(たいおう)のヒント

→ 許可(きょか)なく、動画(どうが)を撮(と)ったり投稿(とうこう)したりしない
→ 勝手に投稿(とうこう)してしまった場合は謝罪(しゃざい)して、すぐに削除(さくじょ)を

9 動画投稿でこんなトラブルも〜動画がもとでいじめにあった例

CASE 3

Instagramに投稿した動画がきっかけでいじめがはじまった

　Cさんは高校1年生の女子。周囲の人にはとくに言っていなかったけれど、Instagramに自分の日常を投稿していました。気に入ったコスメを紹介し、それを使ったメイクなどが注目され、ハートマークがたくさんつくようになりました。ところがその動画が学校の知人にも知られてからは「かわいくもないのに」「ちょっとハートをいっぱいもらったからって生意気」などと言われて、いじめにあうようになってしまいました。Instagramにも、中傷のコメントが書かれるようになってしまい、Cさんは傷ついています。

次は、Instagramに投稿していた自撮り動画がきっかけになって、いじめがはじまってしまった高校1年生の例です。どんなことが背景にあるのでしょうか。

いじめはネット特有の問題ではなくリアルな世界と同じ

Cさんの投稿内容が規約やマナーに反するようなものでなければ、Instagramへの投稿の問題というより、そのいじめはリアルな世界のいじめにおける問題だといえます。悪いのはいじめるほうです。学校の交友関係に関わるいじめならば、教師や身近な大人、相談窓口に相談をして解決法を考えましょう。

また、マイナスなコメントを少しでも減らすために、投稿の際は、自分の投稿が誰かに不快な思いをさせていないか、といった注意ははらうようにしましょう。

小寺信良さん　アドバイス

高校生ぐらいになると、SNSでの情報発信力に大きな差が出てきます。情報発信力とは、多くの人に受け入れられる情報の出し方、と読みかえてもいいでしょう。こうした力がついてくると、リアルな世界ではあり得ないスピードでフォロワーが増えていきますから、周囲の人はその変化にどう対処していけばいいのか、わからなくなってしまいます。

人には、自分が理解できないものをそのままの状態で受け入れるのではなく、異質なものとして排除しようとする本能がありますから、それが、いじめという形につながっていくとも考えられます。

たとえSNSでフォロワーが増えても、リアルな学生生活には関係がありません。そのことを自分も相手も理解しているのか、まずはそこをチェックしてみると、問題解決の糸口が見えてくるのではないでしょうか。

対応のヒント

➡ 自分の投稿で不快になる人がいないかをチェック
➡ リアルな生活とネットの世界は別。いじめはリアルな世界で解決を

友人とTikTokにダンス動画を投稿したらあやしいダイレクトメッセージが届いた

Dさんは中学3年生の女子。学校のダンス部に所属していて、ダンスが大好き。TikTokの動画を見ていて、「これなら自分たちでもできそう」と動画を投稿してみました。5回ほど投稿した頃、「モデルになりませんか?」という内容のダイレクトメッセージが届きました。Dさんたちの動画を見て、モデルの素質があるというのです。こわいので無視をしていたら、「絶対に損な話ではないし一度話を聞きに来てほしいので、LINEアカウントを教えて」というメッセージが来るようになり、困っています。

ダイレクトメッセージなどの機能があると、動画を見た人から直接連絡があることも多いといわれています。これから紹介する中学3年生の女子にも、ある日メッセージが届きます。

▶ 知らない相手からのメッセージには注意。保護者に相談を

TikTokには、ダイレクトメッセージ機能がついているので、こうしたメッセージが届く可能性はあります。けれども町を歩いていて、「モデルになりませんか？」と声をかけられたら、あなたはどうしますか？　話くらいなら聞いてもいいと思う人もいるかもしれませんが、世の中、そんなに都合のいい話が多いわけではありません。たとえば、「モデル勧誘」のケースでは、「モデル養成のための準備コースのお金が最初に必要になる」と言われたりすることも多いそうです。モデルの勧誘はあくまでも最初のとっかかりで、その後、詐欺や犯罪に巻きこまれることも考えられます。LINEアカウントなど、自分の個人情報を教えるようなことはやめましょう。

鈴木朋子さん　アドバイス

SNSを通じて「モデルや芸能人、インフルエンサーとして働きませんか」という誘いが来るという話はめずらしくありません。けれども、その多くは詐欺や出会いを目的としています。まずは、保護者にダイレクトメッセージを見てもらってください。そして、本当にスカウトの可能性があると保護者が判断した場合は、先方との連絡は保護者にお願いしましょう。あやしいと感じた場合はブロックします。TikTokは3回返信をせずにいると自動でブロックされるため、その方法でもかまいませんが、すぐブロックすると安心です。

ブロックするには、相手のプロフィール画面を表示し、右上のメニューボタンをタップして「ブロック」をタップしましょう。また、不快な思いをさせられた場合は同メニューの「報告する」から、TikTokに通報することができます。あなたが通報したことは相手に知られないので安心してください。また、もし相手にほかのSNSのアカウントを教えてしまっていた場合も、同様にブロックしておきましょう。

対応のヒント

➡ 知らない相手に、自分の連絡先などは教えない
➡ あやしい相手はアプリ上でブロックする

インターネットに関わる技術の進歩はとても速く、変化し続けています。今後のネット動画や動画投稿にはどんな未来があるのでしょうか。

ネットリテラシー専門家　小木曽健さんが解説

撮っていないのに動画が作れてしまう技術も。何を信じるか、自分で判断できる力が必要

　動画は現在も、かなり簡単に作れるようになりましたが、**今後は誰でも専門知識なしで、スマホ1台で、どんな動画も思いのままに作れるようになります。**

　そもそも「撮影」という行為自体が不要となり、たとえば写真1枚から動画を作れたり、条件を入力しただけで撮影すらしていない実写「風」動画を作れたりするようになるでしょう。

　ユーチューバーだって、自分自身を「本物と見分けのつかないアバター（CG）」に置きかえる人が出てくるはずです。そのうち、子どもたちが作った映画が話題になったり、「子ども監督」というカテゴリーが生まれるかもしれません。

　これは同時に、本物と見分けのつかない「ニセモノ動画」が世の中にあふれることも意味します。誰かを「おとしいれるような動画」によるトラブルや訴訟も増え、法的な規制が議論されるかもしれません。今はまだ、ドライブレコーダーのような「動画」が証拠となる時代ですが、今後は動画の信憑性を争うような時代がやってくるのです。実写ではない動画に「これはフェイクです」といった表示が義務づけられるかもしれません。

　これらは、すべて人工知能を利用したディープフェイクという技術がもたらす未来の動画の話ですが、今の子どもたちが大人になるかならないかぐらいの、そんなに遠くない将来の話です。すでに一部ではもう実現しています。

　「何を信じるのか、自分で決める。これが本物である可能性はどれくらいか」 と感じながら情報と接する、そういう能力がより強く求められる時代になるでしょうね。

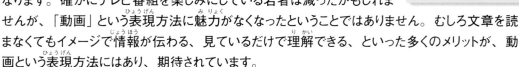

親子で読んで！

「どこで何をどう撮る」かをよく考えて

ネットユーザー教育の専門家　小寺信良さんがアドバイス

　「若者のテレビ離れ」という言葉がメディアに登場して、もう15年ほどになります。確かにテレビ番組を楽しみにしている若者は減ったかもしれませんが、「動画」という表現方法に魅力がなくなったということではありません。むしろ文章を読まなくてもイメージで情報が伝わる、見ているだけで理解できる、といった多くのメリットが、動画という表現方法にはあり、期待されています。

　こうした表現方法がプロだけでなく、一般の人たちも利用できるようになったのが現在です。

　動画は「見る」から「見せる」へと変わっていく、ちょうど私たちは今そういう時代にさしかかっています。これからは学校でも社会でも、多くのレポートはテキストではなく、動画で提出が求められる時代がやってくるかもしれません。

　同時に、アマチュアが作った動画から情報をどのように受け取るのか、そうしたリテラシーも求められるようになってきます。「動画として撮影できたのだから事実なんだろう」と思いこむのは危険だということです。

　スマホのカメラも年々性能が上がっており、映りこんだ背景もかなり鮮明に見えるようになっています。1つの画面の中にはぼう大な情報が含まれており、そのすべてにおいて責任をとることはできません。ですから、できるだけリスクを減らして撮影するにはどうすればいいか、そういうことを事前に考えておく必要があります。

困った時の相談窓口

警視庁「ヤング・テレホン・コーナー」

https://www.keishicho.metro.tokyo.jp/sodan/shonen/young.html

☎03-3580-4970（24時間対応）

インターネット関係にかぎらず、未成年者が何か困った時や相談したいと思った時に電話で相談できるよう24時間受けつけている相談窓口。

東京都都民安全推進本部「こたエール」

https://www.tokyohelpdesk.metro.tokyo.lg.jp

📞0120-1-78302
（15:00 ～ 21:00 月～土曜日 ※祝日を除く）

「お金を払えと言われた」「会いたいと言われた」など、インターネットで困っている青少年のための相談窓口。メールやLINEでも相談可能。

ほっとネットライン

https://it-saga.net/hotnetline/

☎0952-36-5900（平日9:00 ～ 18:00）

子どもを取りまくインターネット関係のトラブルについて、電話やLINE、メールで相談できる窓口。
LINE ID @hotnetline

さくいん

● 執筆・編集
株式会社メディア・ビュー（橋本真理子、酒井範子）、下関崇子
一般書籍、雑誌、企業の冊子、Webを中心に、企画・編集・デザインを行っている。おもな制作物に、『からだにいいこと』（祥伝社）、『たまひよオンライン』（ベネッセコーポレーション）、『学研教室 学習コースのご案内』（学研ホールディングス）などがある。

● 監修
小寺信良（こでら・のぶよし）
インターネットユーザー協会代表理事。コラムニスト、映像技術者。テレビ番組の編集者としてバラエティ、報道、コマーシャルなどを手がけたのち、ライターとして独立。AV機器から放送機器、メディア論、子どもとITの関係まで幅広く執筆活動を行う。おもな著書に『気をつけよう! SNS』『気をつけよう! スマートフォン』シリーズ（汐文社）、『USTREAMがメディアを変える』（ちくま新書）、『子供がケータイを持ってはいけないか?』（ポット出版）などがある。

● 取材協力
鈴木朋子（すずき・ともこ）
ITジャーナリスト、スマホ安全アドバイザー。メーカーでシステムエンジニア業務に従事したのち、フリーライターに。SNS、スマートフォン、パソコン、Webサービスなど、身近なITに関する記事を執筆している。著書に『親が知らない子どものスマホ』（日経BP）などがある。

小木曽健（おぎそ・けん）
IT企業で情報教育を担当する傍ら、社外ではネットリテラシー専門家として活動。講演や執筆、メディア出演などを通じ、「ネットで絶対に失敗しない方法」を提唱している。著書に『11歳からの正しく怖がるインターネット』（晶文社）、『ネットで勝つ情報リテラシー あの人はなぜ騙されないのか』（ちくま新書）ほか多数。

● イラスト
なとみみわ

● デザイン
石井ちづる、倉又美樹

● 編集担当
門脇 大

気をつけよう! ネット動画
②動画投稿に潜むワナ

2020年3月　初版第1刷発行
2021年6月　初版第3刷発行

監　　　修　小寺信良
発　行　者　小安宏幸
発　行　所　株式会社汐文社
　　　　　　〒102-0071　東京都千代田区富士見1-6-1
　　　　　　TEL 03-6862-5200　FAX 03-6862-5202
　　　　　　https://www.choubunsha.com
印　　　刷　新星社西川印刷株式会社
製　　　本　東京美術紙工協業組合

ISBN 978-4-8113-2687-0